LIGUE RÉPUBLICAINE ANTI-PLÉBISCITAIRE

32, rue Meslay, 32

PARIS

LA RÉPUBLIQUE

ET

M. BOULANGER

Toujours tout droit.

PARIS

JULES LÉVY, ÉDITEUR

2, rue Antoine Dubois, 2

1883

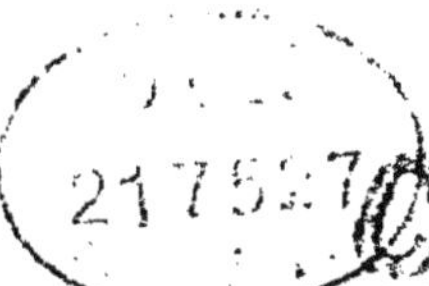

PREMIÈRE PARTIE

Boulanger Militaire

I

Depuis la chute du cabinet Goblet, qui a entraîné la disparition du général Boulanger du ministère de la guerre, il se produit, dans notre pays, un mouvement considérable dont le caractère actuel ne saurait échapper à tout républicain, à tout patriote sincère et clairvoyant.

Ce mouvement d'opinion a revêtu successivement dans son évolution, deux aspects bien différents en apparence, et qui sont pourtant bien connexes, comme on le verra par la suite, quand on le fouille et qu'on l'étudie à fond.

Tout d'abord, c'est un mouvement purement républicain et patriotique; puis il devient un mouvement politique duquel, à l'exception de quelques républicains inconscients ou traîtres à leur cause, le parti républicain s'éloigne, tandis que les réactionnaires les plus militants s'y rallient publiquement et avec un empressement qui prouve combien ce mouvement peut être fatal à la République.

Aujourd'hui, dans son ensemble, faisant abstraction de ses luttes d'hier, le parti républicain se groupe pour réagir contre la campagne plébiscitaire engagée.

Il s'agit d'étudier ce mouvement d'opinion, de démasquer, à l'aide de faits irréfutables, le général ambitieux qui l'incarne, d'éclairer le pays, afin de le convier à l'œuvre nécessaire qui a pour but d'épargner à la France et à la République les plus grands malheurs : **l'établissement de la dictature militaire, la guerre, peut-être même l'invasion et la ruine.**

II

Avant d'être devenu le politicien bruyant d'aujourd'hui, M. Boulanger était simplement un soldat ; c'est sur son rôle de soldat que s'est greffé son rôle de politicien. Cherchons ici quel fut le rôle de M. Boulanger comme soldat ; voyons si sa réputation militaire et républicaine justifie l'engouement irréfléchi, la popularité malsaine qui provoquent les manifestations dangereuses qui se font autour de son nom.

Jusqu'à la fatale guerre de 1870-71, provoquée par le sinistre Émile Ollivier, l'homme « au cœur léger », qui naguère approuvait la campagne plébiscitaire et les paroles de l'élu de la Dordogne et du Nord, le rôle de M. Boulanger n'a rien de saillant. Sa conduite militaire est celle de tous les officiers de l'armée française. **Sorti de Saint-Cyr en 1856, dans un rang médiocre,** il fait différentes campagnes ; nous le retrouvons capitaine instructeur dans cette même école quand la guerre est déclarée. Il n'assiste à aucune des terribles et désastreuses batailles qui signalent le début de la campagne. L'invasion, comme un torrent irrésistible se répand sur la France, enveloppe Paris, pousse jusqu'à la Loire, et **M. Boulanger, promu commandant, sans avoir vu l'ennemi,** puis placé à la tête d'un régiment de marche d'infanterie, participe à la défense de Paris, se battant comme tous ses collègues, *mais ne se signalant par aucun exploit particulier.*

La première fois que son nom est mis en lumière, c'est à la réunion provoquée au ministère de l'instruction publique à la fin du siège, et où il déclare qu'il n'est pas partisan d'une tentative de sortie en masse, **où il fait le procès de la garde nationale qu'il déclare incapable d'aller efficacement à l'ennemi, de supporter le choc.** Méfiance injuste à l'égard de cette garde nationale qui fit si vaillamment son devoir à Buzenval, à Montretout, et qui laissa tant de milliers d'hommes sur le champ de bataille pour attester de son héroïsme et de son patriotisme inébranlable.

Paris capitule. Nous retrouvons le colonel Boulanger à la tête du 114e régiment de ligne et participant au second siège, à la terrible répression de mai 1871. **C'est durant la guerre civile qu'il se distingue, combattant alors avec le plus grand acharnement les hommes qu'il voudrait rallier à lui aujourd'hui.**

III

Nous avons passé rapidement sur les faits et gestes de M. Boulanger, parce qu'ils n'ont rien de saillant et qu'ils ne se distinguent en rien des faits et gestes des autres officiers de l'armée. Nous devons cependant faire remarquer que jamais l'officier d'infanterie Boulanger ne fut compté parmi ceux qui, républicains, n'acceptaient qu'en frémissant le joug impérial.

Nous avons à nous préoccuper d'une façon plus spéciale — afin d'éclairer nos concitoyens

— de l'attitude et des travaux de l'ex-ministre de la guerre, depuis 1871 jusqu'à sa sortie de l'armée par sa mise d'office à la retraite.

Alors que la commission de révision des grades se montrait implacable pour les officiers qui avaient manifesté hautement leurs sentiments républicains et fait bravement leur devoir contre l'étranger, qu'elle les rétrogradait de la façon la plus injuste, ne réservant ses faveurs qu'aux officiers connus pour leurs sentiments royalistes ou bonapartistes, M. Boulanger, capitaine au moment de la déclaration de guerre, conserva son grade de lieutenant-colonel avec sa croix de commandeur ramassée dans la guerre civile.

Républicain, il ne l'est pas à cette époque. Prudent dans ses manifestations politiqu[es], il est du côté des partis qui ont chances de [triom]pher. La réaction est maîtresse du pays ; l'[avenir] est aux réactionnaires ; partant il manife[ste se]s sentiments réactionnaires. Nous verro[ns p]lus loin que, sans être mêlé aux luttes ar[dentes] du parti démocratique contre les homme[s de l'o]rdre moral du 16 Mai, il sut devenir répub[lic]ain quand la République eût définitivemet vaincu ses ennemis coalisés.

IV

Nommé au commandement du 133ᵉ régiment de ligne, stationné à Belley, le colonel Boulanger est placé sous les ordres du duc d'Aumale, qui est à la tête du VIIᵉ corps d'armée.

C'est un prince orléaniste et clérical qu'il a pour chef ; **le colonel Boulanger est orléa-**

nlste et clérical. Il fait sa cour au duc ; il donne des gages aux cléricaux en allant assidument à la messe, en suivant — en uniforme — les processions ; en obligeant les officiers de son régiment à s'associer à ces manifestations, **tandis que d'autre part il ne cesse de fréquenter les bonapartistes militants auxquels il donne des preuves de son dévouement à la cause impérialiste.**

Le duc d'Aumale reconnaît le zèle du colonel Boulanger et le récompense en le proposant pour le généralat. C'est en 1880 que le colonel, devenu général, témoigne sa reconnaissance au prince en lui adressant la lettre suivante qui n'a rien de Républicain, au contraire ; qu'on en juge :

Belley, le 8 mai 1880.

« Monseigneur,

» *C'est vous qui m'avez proposé pour général ; c'est à vous que je dois ma nomination.*

» Aussi, en attendant que je puisse le faire de vive voix a mon premier passage à Paris, je vous prie d'agréer l'expression de ma vive reconnaissance. *Je serai toujours fier d'avoir servi sous un chef tel que vous et béni serait le jour qui me rappellerait sous vos ordres.*

» Daignez agréer, Monseigneur, l'assurance de mon profond et plus respectueux dévouement.

» Général BOULANGER. »

Avant d'écrire cette lettre de remerciements si caractéristique, le colonel Boulanger en avait écrit deux autres : l'une pour manifester au duc d'Aumale ses regrets de lui voir quitter le commandement du VIIᵉ corps, l'autre pour lui demander de l'appuyer de son influence auprès de la commission de classement. N'oublions pas que M. Boulanger devenu ministre de la guerre, lança une circulaire par laquelle il interdisait aux officiers de se faire recommander pour obtenir de l'avancement!

Voici le texte de la première de ces deux lettres :

Belley, le 3 janvier 1880.

« Monseigneur,

» Je n'ai d'autre appi que celui des généraux sous les ordres desquels j'ai servi.

» Je viens donc vous demander de vouloir bien m'appuyer auprès de la commission de classement dans laquelle, *à beaucoup de titres*, vous aurez certainement une situation prépondérante.

» Je ne vous parlerai pas de mes services; vous savez qui je suis.

» Je me permet seulement de vous dire que je me trouve le treizième des colonels d'infanterie proposés à la suite de l'inspection générale de 1878, pour le grade de général de brigade, et que si les vacances existant aujourd'hui étaient remplies, je serais à peu près le huitième.

» Dans ces conditions j'espère beaucoup, et, comptant sur votre bienveillant intérêt qui m'est si connu, *je vous prie, Monseigneur*, d'agréer avec la nouvelle expression de ma gratitude, l'assurance de mes sentiments les plus respectueux et les plus dévoués.

» Colonel BOULANGER. »

Voici la seconde lettre; elle est édifiante, quand on se souvient de l'attitude du général Boulanger, ministre de la guerre, vis-à-vis des princes d'Orléans et du duc d'Aumale dont il sollicitait l'appui, qu'il appelait *Monseigneur* et qu'il remerciait platement de sa promotion au généralat :

Belley, 13 février 1879.

« Monseigneur,

» Vous quittez le commandement du 7e corps. Permettez-moi de vous dire, au nom des officiers de mon régiment et au mien, combien nous sommes peinés de perdre un chef que nous aimons, dans lequel nous avions une si grande confiance.

» *Soyez persuadé Monseigneur, que jamais nous n'oublierons les hautes leçons, les exemples si élevés que vous nous avez donnés,*

**Démonstrations de dévouement à
la réaction et aux sommités réactionnaires, à un prince prétendant,
telle est l'attitude du colonel et du
général Boulanger;** tandis que le parti
républicain mène une vigoureuse campagne,
malgré les persécutions, l'état de siège, les
poursuites contre ceux qui veulent tenter une
restauration monarchique ou conserver la direction des affaires du pays.

Le 16 mai se produit: **on entend la cou-
rageuse protestation du major La-
bordère, mais M. Boulanger reste
coi, faisant sa cour aux cléricaux,
aux réactionnaires, au duc d'Aumale.**

Mais, quand il prend le commandement de la
14e brigade de cavalerie, à Valence, **la République a définitivement remporté la
victoire. C'est à ce moment qu'il de-
vint républicain** et qu'il commence la série
des discours, qui préparent l'opinion publique
étonnée d'entendre un soldat faire une profes-
sion de foi démocratique. C'est le 4 août 1881,
il y a sept ans à peine, qu'il prononce son premier discours républicain, à la distribution des
prix du collège de Valence.

La presse républicaine enregistre avec joie
cette déclaration, sans se préoccuper du passé,
sans rechercher la cause d'une aussi brusque
conversion qui vaut au général Boulanger l'honneur d'aller représenter l'armée aux fêtes du
Centenaire de l'indépendance de États-Unis.

Nous venons de relire les discours qu'il prononça durant ce voyage sur le territoire d'une République, les rapports par lui adressés, et *pas une fois le mot de République ne s'y trouve prononcé!*

Des discours, ce voyage, une brusque conversion, il n'en fallut pas davantage pour attirer l'attention et, sans qu'il se fut révélé par des mérites techniques spéciaux, par des écrits militaires, le général Boulanger fut appelé à la direction de l'infanterie au Ministère de la guerre.

V

Le passé du général Boulanger à la direction de l'infanterie n'est signalé par aucune mesure particulière, spéciale, capable d'attirer l'attention et de le placer au-dessus de ses collègues.

Mais, il en profite pour intriguer, suivre les fluctuations de la politique, étudier, dans le jeu et la lutte des différentes fractions du parti républicain, quelle est celle qui a les plus grandes chances de triompher.

Nous n'avons pas ici — à l'heure où se concentre tout le parti républicain — à retracer ces luttes dans leurs causes, leurs développements et leurs effets. Nous nous bornons à constater des faits et à en tirer les conclusions immédiates, logiques, qui mettent le pays en situation de juger l'homme et la faction qui créent un véritable danger pour la France et la République.

Au mois de février 1884, le général Boulanger est promu divisionnaire et désigné pour prendre le commandement du corps d'occupation de Tunisie où il manifeste son mécontentement de voir le pouvoir militaire — suivant les traditions démocratiques — subordonné au pouvoir civil. A la suite d'un conflit bruyant avec l'autorité judiciaire, il revient à Paris, reste durant plusieurs mois, loin du corps d'occupation qu'il commande, intrigue en vue de conquérir le portefeuille de la guerre et, enfin, au mois de janvier 1886, il conquiert le poste de chef suprême de l'armée, convoité par lui depuis si longtemps.

VI

C'est dès son entrée au ministère de la guerre, que commence à s'accentuer la popularité du général Boulanger ; comme nous le verrons plus loin, elle se développera et s'épanouira au moment de la chute du cabinet Goblet, pour enfin s'exaspérer d'une façon inattendue quand, à la suite d'actes flagrants d'indiscipline, d'indéniables intrigues politiques, le général politicien aura été mis d'office à la retraite.

Nous devons donc examiner quel fut le rôle, quels furent les actes saillants, les réformes considérables du Ministre de la guerre ; voyons si réellement ils justifient cette popularité, grâce à laquelle le nom de l'homme à qui elle s'adresse est devenu, à lui seul, un véritable programme de gouvernement et le titre d'un parti qui tente d'attirer à lui et d'absorber tous les autres partis politiques.

Soyons brefs et limitons notre examen aux faits les plus essentiels, à ceux que, trompé par une presse impudente, le public attribue au général Boulanger, à ses capacités, à son initiative — ses partisans n'hésitent pas à dire : à son génie !

Une des premières mesures prises par le nouveau ministre de la guerre — on n'a jamais pu reconnaître les motifs qui l'ont déterminé à commettre cet acte incohérent — consiste à rétablir le suranné et délectable système des changements de garnison ; le résultat immédiat de cette mesure était **éloigner des centres de leur mobilisations les corps de troupe** dont l'emplacement fixe est déterminé et commandé par les plans établis, dont la scrupuleuse observation doit permettre à l'armée française de passer le plus rapidement possible du pied de paix au pied de guerre.

Cette première mesure cause une telle stupéfaction dans l'armée, elle apparait comme tellement dangereuse, que **bientôt le Ministre de la guerre est obligé de rapporter la fameuse circulaire ; ce qui donne la mesure de son sang-froid et de son esprit de suite.**

Ce qu'il y avait au fond de cette proscription, c'était surtout le désir de se créer des partisans parmi les officiers subalternes, charmés de quitter les tristes garnisons de province, de changer d'air, avec l'espoir de séjourner dans les grands centres et, à leur tour, de tenir garnison à Paris. On voit déjà percer les visées ambitieuses du **général qui, reléguant au second plan les nécessités inspirées par la défense nationale, songe surtout à se créer un parti dans l'armée.**

Mais le général Boulanger ne se tient pas pour battu. Son esprit est fécond en ressources et le but qu'il a résolu d'atteindre, il le poursuivra quand même.

Tour à tour il essaie de conquérir la popularité dans les rangs des soldats et des sous-officiers, comptant — non sans raison, hélas ! — que cette popularité trouvera son écho dans la population civile.

Aux sous-officiers il accorde la permission permanente de minuit en leur préparant des situations privilégiées. Aux soldats il accorde le port de la barbe. Il fait arborer des mats de pavillon à toutes les casernes, fait badigeonner aux couleurs nationales les guérites, prescrit la conduite en tunique des recrues et des réservistes, enlève le sac aux factionnaires et met en train la réforme de l'ordinaire, la suppression de la masse individuelle. **Telles sont les grandes réformes accomplies** et qui, on peut s'en rendre compte aisément, **n'ont pas une bien grande influence sur l'amélioration de notre armée**, d'autant plus que, si nous prenons la réforme la plus importante, celle qui a trait à l'**alimentation de la troupe**, nous constatons que dès 1881, c'est-à-dire **cinq ans avant son entrée au ministère, des chefs de corps avaient déjà inauguré cette réforme.**

Entouré d'officiers réactionnaires dans son ministère, le général Boulanger songe à la discipline qu'il violera si aisément quand il sera redevenu un simple commandant de corps d'armée.

Pour avoir pris publiquement par une simple dépêche la défense des officiers d'un régiment de cavalerie, le général Schmitz se voit enlever son commandement et à ce sujet — de la tribune de la Chambre — le Ministre déclare que *« tant il sera son chef, l'armée n'aura pas à juger mais seulement à obéir. »*

Et lui qui a sollicité l'appui du duc d'Aumale pour sa nomination au grade de général, il interdit aux officiers, sous menaces des punitions les plus sévères, de se faire recommander par qui que ce soit.

Il veut à tout prix faire parade de son esprit réformateur. Un projet de loi avait été déposé par son prédécesseur, il le retire et retarde par conséquent la discussion et le vote de la loi militaire qui — grâce à cette mesure — n'a pas encore reçu de solution.

Il dépose un autre projet de loi absolument incohérent qui, dans ses détails, détruisait les déclarations de principes qui en construisaient la base. **Aujourd'hui tout est à refaire,** quand tout aurait pu être terminé en quelques mois n'eût été l'intervention de cette personnalité brouillonne, plus préoccupée de la réclame à faire autour de son nom que de l'œuvre nécessaire qui exige la méthode, l'esprit de suite.

Mais le général se rattrape. Il parle, voyage, parcourt la France **faisant des déclarations républicaines, mais en sous-main intrigant déjà avec les personnalités en vue de la réaction;** laissant faire une propagande malsaine sous le couvert du patriotisme et de l'idée républicaine.

Il nous reste à parler très brièvement d'un grand projet né dans ce cerveau fécond. A lui seul il permettra d'apprécier, à sa propre valeur, la capacité technique du soldat qu'on nous représente comme le seul capable de conduire nos armées à la victoire.

Au mois de janvier 1887, le ministre Boulanger prenait une décision prescrivant le départ pour la frontière, dès le premier jour de la mobilisation, de quatre-vingts bataillons pris dans les différents corps d'armée. Ces bataillons mis sur le pied de guerre, c'est-à-dire portés à près de mille hommes par un versement de soldats des autres bataillons de leur régiment respectif, devaient se mettre en route sans attendre leurs réservistes !

La mobilisation et la concentration se trouvaient retardées, compromises par cette mesure imprudente que rien ne saurait justifier. La décision ministérielle provoqua une véritable stupeur, un véritable scandale parmi les officiers instruits et le général Peaucellier, sous-chef d'état-major qui — avec raison — ne voulait pas partager une terrible responsabilité, donna sa démission. Le général Boulanger ne fut pas long à lui trouver un remplaçant moins scrupuleux.

Telles sont, résumées dans leurs grandes lignes, les capitales réformes accomplies par le général Boulanger durant son passage au ministère de la guerre. On voit ce qu'elles valent !

Voyons maintenant ce que lui attribue une opinion publique complétement égarée dans ses jugements.

<h2 style="text-align:center">VII</h2>

On attribue aisément au ministre mis en lumière surtout par ses parades, ses harangues, son cheval noir et la chanson (?) par Paulus toute la réorganisation de notre armée, la réfection de notre outillage militaire l'invention et l'adoption du fusil Lebel, de la mélinite etc.

Quand M. Boulanger est arrivé au ministère, l'armée était organisée et prête à entrer en campagne, les plans de mobilisation et de concentration étaient tracés, il n'y a touché que pour les bouleverser ainsi que l'indique la mesure relative aux 80 bataillons que nous avons signalée plus haut. Le colonel de Bange avait doté notre artillerie de canons merveilleux et nous pouvions, en cas de guerre mettre en ligne 2,622 pièces. Le général Thibaudin avait créé l'artillerie de forteresse. Les travaux des camps retranchés et de nos forts d'arrêt étaient non-seulement préparés, mais presque terminés. Le commandant Mougin avait installé les tourelles mobiles, armées de canons, blindées d'une façon supérieure.

La mélinite avait été inventée, expérimentée sans tapage. M. Boulanger fit refaire avec tant de bruit de nouvelles expériences, que cette réclame faite dans un but personnel éveilla l'attention des Allemands, les lança dans la voie des recherches qui devaient aboutir à l'invention de la roburite, dont ils se serviront contre nous dans la prochaine guerre.

Le fusil Lebel était soumis depuis quelque temps déjà à l'examen des comités spéciaux : le seul fait du général Boulanger fut de l'adopter mais en attendant, l'armée possédait une arme merveilleuse : le fusil Gras, supérieur au fusil en usage dans l'armée allemande.

Qu'a donc fait le général au ministère ? quelles

sont les grandes réformes accomplies ? Le bilan, nous l'avons fait, il est maigre, en comparaison des travaux entamés depuis 1872 jusqu'en 1887. **M. Boulanger a bruyamment récolté le fruit des travaux accomplis sans tapage depuis quatorze ans par d'autres que par lui.**

VIII

Mais entre temps M. Boulanger donnait la mesure de sa loyauté, de sa franchise. Il mentait impudemment.

Un jour au Sénat, tandis qu'il exécutait une charge à fond de train contre les princes de la maison d'Orléans, le baron de Lareinty lui rappelait que quelques années auparavant il avait une tout autre attitude vis-à-vis de ceux qu'il attaquait maintenant et **le général Boulanger, solennellement, niait avoir jamais écrit au duc d'Aumale les lettres dont parlait M. de Lareinty;** c'était un démenti formel, un duel eut lieu pour appuyer l'affirmation et le démenti, tandis qu'un journal publiait les lettres que nous reproduisons plus haut (voyez pages 6 et 7) et que **cette publication établissait d'une façon irréfutable l'état d'esprit orléaniste du général Boulanger en 1880, en même temps qu'elle établissait qu'il était un méprisable menteur.**

Ce mensonge ne devait pas être le dernier. On se souvient de la série de manifestations tumultueuse qui signalèrent la chute du Cabinet

Goblet, par suite la disparition du général Boulanger du ministère de la guerre.

Bien loin de s'efforcer d'apaiser ces manifestations, il les encourage par son attitude hautaine de soldat mécontent qui se lance dans l'intrigue politicienne.

Le scandale de la gare de Lyon ne fut pas un des moins lamentables épisodes du mouvement boulangiste, qui prit dès lors l'allure d'un véritable mouvement politique dirigé contre la République.

IX

C'est durant son passage au commandement du 13e corps d'armée que le général Boulanger devait donner la mesure de son respect de la discipline qu'il avait si solennellement affirmé lors de l'affaire Schmitz.

Malgré les termes formels de la circulaire dont il est lui-même l'auteur et qui interdit aux commandants de corps d'armée de quitter le territoire de leur commandement sans une autorisation formelle du ministre de la guerre, il vient en cachette à Paris pour assister à des conciliabules politiques.

Tandis qu'il est encore soldat, partant inéligible, **un bonapartiste militant, M. Thiébaud, pose sa candidature** dans trois départements, et **contre des candidats républicains.**

Sommé de désavouer M. Thiébaud, le général Boulanger se tait. Il se borne à déclarer dans une lettre adressée au ministre de la guerre qu'il n'a aucun rapport avec M.

Thiébaud et qu'il est complétement étranger à ses manœuvres électorales.

Ses infractions à la discipline sont tellement notoires que son commandement lui est enlevé, puis sur le vue des dépêches saisies, un conseil d'enquête est convoqué et le général Boulanger est mis à la retraite d'office.

Nous ne nous arrêterons pas aux détails de cette scandaleuse affaire.

Ce que nous voulons indiquer c'est que **la publication des dépêches échangées entre le comte Dillon et le général Boulanger établissent d'une façon très nette, irréfutable, que ce dernier était d'accord avec le bonapartiste Thiébaud et qu'il approuvait la campagne plébiscitaire entreprise** (voyez page 14). Le général avait, une fois de plus, impudemment menti.

X

Le rôle militaire du général Boulanger est terminé avec sa mise à la retraite.

Il ne nous reste donc qu'à parler du politicien. On verra que le politicien Boulanger ne le cède en rien, en mauvaise foi surtout, en réclame tapageuse et en intrigues avec tous les partis, au général menteur, incohérent, intrigant et réactionnaire.

DEUXIÈME PARTIE

Boulanger Politicien

I

Comme nous venons le voir, dans la courte biographie de M. Boulanger, il est une période de sa vie ou il joue un double rôle; malgré le respect qu'il doit à la discipline militaire, il fait de la politique. — Ce second rôle politique commence aussitôt que le général prend possession de son corps d'armée à Clermont-Ferrand, où il fait de vives protestations de républicanisme aux citoyens qui le reçoivent en triomphateur.

Nous n'insisterons pas sur cette période où l'homme politique est doublé d'un soldat, et où les intrigues sourdes sont les seuls moyens employés par M. Boulanger.

Cependant il nous est indispensable d'apporter la preuve irrécusable, de la participation du général aux menées qui se font alors sur son nom.

Dépêche du 27 février.

Paris,

Général Boulanger, Clermont-Ferrand,

J'ai reçu dépêche. Sois tranquille. Je ferai nécessaire et c'est très facile du reste. Lettre suit. Amitiés.

DILLON.

Dépêche du 27 février.

Ai appris les résultats ; très bons. Il faut maintenant travailler fortement la presse et l'opinion. Amitiés.

GEORGES.

II

Si M. Boulanger ne parle pas au peuple ses amis « travaillent la presse et l'opinion ».

Quand il commet des fautes qu'on réprime, ils le posent en martyr, faisant croire qu'il est persécuté, parce qu'il est républicain.

Les quelques amis qui le défendent si bien, sont connus pour leurs idées avancées, et couvrent ainsi sa marchandise réactionnaire d'un pavillon qui ne laisse pas suspecter ses idées républicaines.

Bientôt à ces garants, plutôt sans conscience qu'inconscients, viennent se joindre les ennemis les plus acharnés de la République.

C'est en effet le bonapartiste Thiébaud, nous l'avons vu, qui pose la candidature Boulanger dans tous les départements où se produisent des vacances, ce qui donne à ces élections un double caractère plébiscitaire et bonapartiste. — Plébiscitaire, M. Thiébaud le déclare. — Bonapartiste la personnalité de M. Tiébaud, puisqu'il est l'agent avéré du parti Jérômiste.

III

Du reste, M. Boulanger est indistinctement, appuyé par les amis de Jérôme et par ceux de son fils Victor.

Voici l'opinion de M. *Clément de Royer*, ami du prince Victor Napoléon.

« Nous ne pouvons qu'être contents de ce qui se passe actuellement. C'est un réveil de la France en faveur de nos idées.

« *Certains bonapartistes veulent, dit-on, se présenter comme boulangistes. Il n'y aurait rien d'étonnant à cela.* Le programme du général Boulanger dans le Nord, peut-être accepté par nous tous, il ne contient rien de contraire à nos doctrines.

« Je puis affirmer, que si une période électorale s'ouvre, nous sommes bien organisés et nous pouvons avoir confiance dans la victoire, grâce à ce réveil des idées plébiscitaires qui sont les nôtres. »

Voici ce que pense du général, le gendre dé *Maupas*, qui était préfet de police lors du Coup d'État de décembre 1851 :

« *Il n'y a aucune différence entre le mouvement qui porta le prince Louis à la présidence et celui qui se produit aujourd'hui.*

« Je vois dans le général Boulanger le personnage qui nous débarrassera de tous les gens qui ont conduit la France à l'état où elle est.

« Notre devoir à nous est de nous serrer autour de lui. Il est vrai qu'il a un entourage radical. MM. Vergoin, Laguerre et autres, mais à côté, *je vois tout l'état-major bonapartiste qui s'est rallié au général Boulanger, qui est en relations quotidiennes avec lui. Ils échangent leurs idées ensemble et s'entendent parfaitement.* »

« *D'ailleurs, pour moi, le général Boulanger n'a jamais été républicain.*

« Le plébiscite rétabli, grâce à lui, les Napoléons auront des chances de revenir à la tête de la France, surtout le prince Victor. »

IV

D'après cette approbation tacite ou expresse des amis et des fauteurs du pouvoir personnel, le danger que court la République n'est point douteux. La comparaison des idées Boulanger avec celles qui préparèrent le second Empire, nous en apporte une nouvelle preuve.

<table>
<tr><td>

PAROLES DE
LOUIS BONAPARTE
avant son coup d'État.

Vous avez pensé, messieurs, que mon nom serait utile à la France, vous vous êtes dit qu'étranger à tous les partis, je n'étais hostile a aucun, et qu'en réunissant sous le même drapeau tous les hommes dévoués à notre patrie, *je pourrais servir de point de ralliement dans un moment où les partis semblent acharnés les uns contre les autres.*
.9 septembre 1849.

∴

Je n'ai jamais cru que la France fut l'apanage d'un homme ou d'une famille.
21 octobre 1849.

</td><td>

PAROLES DU
Général BOULANGER
en 1888.

Cette République, on vient de vous le dire, ne doit pas être une République étroite, fermée...
Jeté dans la politique par ceux-là même qui m'accusent d'en faire, je n'ai qu'un devoir, *voir mon nom servir de ralliement à tous .es citoyens, pour sortir de l'état anarchique dans lequel nous nous enlisons chaque jour davantage.*
27 avril 1888.

∴

Au point de vue de la politique intérieure je suis d'accord avec mon ami Naquet pour répudier toute idée de dictature.
27 avril 1888.

</td></tr>
</table>

Le prince Louis Bonaparte est bien plus indulgent que M. Boulanger lorsqu'il parle du peuple :

<table>
<tr><td>

LOUIS BONAPARTE

Si au lieu de conduire le peuple, un gouvernement se laisse entraîner, il court à sa perte et il compromet la Société au lieu de la protéger.
Louis-Napoléon BONAPARTE
(Idées Napoléoniennes).

</td><td>

M. BOULANGER

Répondant au Père Hyacinthe Loyson, qui lui disait dans une lettre :
« Il nous faut une *forte autorité,* tout à la fois *conservatrice,* réformatrice et progressive. »
M. Boulanger écrivait :
Je suis de votre avis sur bien des points, il faut un gouvernement fort. Le peuple a besoin qu'on s'occupe de lui comme d'un enfant.
BOULANGER
(Lettre au Père Loyson).

</td></tr>
</table>

AUTRES CITATIONS BOULANGISTES

Les parlementaires menacés dans leur régime de prédilection représentent le Général comme un danger pour l'institution ruepblicaine et agitent je ne sais quel spectre de la dictature.

Je n'ai pas besoin de dire que s'il s'agissait de créer un dictateur, de faire un César, aucun de ceux qui sont ici n'y serait à cette heure . . . . . . Le danger du régime parlementaire est une terrible réalité. Créer un gouvernement national, accepté de tous, et sur le terrain duquel se livrent les luttes des partis a été le rêve de tous les hommes politiques.

Vous amènerez à la République non seulement certains de vos amis qui en étaient éloigné jusqu'ici mais indirectement et par voie de conséquences vos ennemis eux-mêmes.

Naquet (discours du Café Riche, 27 avril 1888).

Cette république, on vient de vous le dire, ne doit pas être une République étroite, fermée. Ce doit être une République ouverte, où tous seront admis, sans que nous ayons à demander à qui que ce soit d'où il vient.

La seule chose que nous ayons le droit d'exiger de ceux qui entendent marcher avec nous. *C'est que sans rien abandonner de leurs affections personnelles, ils se placent comme nous* sur le terrain de la République le seul sur lequel puisse se constituer un parti véritablement national, recruté dans tous les partis actuels, indistinctement.

Boulanger (discours du Café Riche, 27 avril 1888).

Notre devoir est de laisser venir à nous les partisans césariens et dynastiques et de les accueillir fraternellement.

Susini (Lettre à E. Arène).

AUTRES CITATIONS BONAPARTISTES

... Il est préoccupé du bonheur de l'avenir de la France. Ce n'est pas un rêve d'ambition personnelle qu'il veut réaliser, c'est la réédification de la société qui croule, de la civilisation qui se périe peut-être. Il veut refaire heureux et prospère ce pays, auquel dieu a promis de si hautes destinés, aujourd'hui compromis par les ambitions, par les égoïsmes, par les aberrations politiques et sociales de toutes sortes.

BELONINO, (histoire du coup d'Etat).

(Le coup d'Etat). Cet acte est aussi celui d'un homme que celui de la société. Ce n'est pas une ambition qu'il satisfait, c'est une nation qu'il sauve. Renverse-t-il un pouvoir protecteur et vénéré qui ait, soit le prestige du temps, soit celui des services rendus ? Non. Il délivre la France des entraves d'une Constitution absurde et tellement frappée de réprobation, qu'il n'est pas un parti politique qui, à son tour ne l'est répudié. Ce qu'il renverse, ce n'est pas tout ce pouvoir du présent que cette affreuse usurpation de l'avenir, qui menaçait de jeter la France, corps et honneur, dans le gouffre.....

La voilà donc enfin venue cette époque si longtemps désirée, ou la grande voix du suffrage universel va se faire entendre! Tous les partis qui ont de la loyauté, tous les politiques qui ont au cœur l'amour de la patrie, n'ont cessé depuis de longues années, de demander qu'on fît à la nation un supprème appel qui désarmat les partis, et qui forçat tous les citoyens à s'incliner, sous peine de forfaiture, devant cette voix de la majorité, dans tous les temps reconnue epour être la voix de Dieu.

Election du Nord

Aussitôt après sa mise à la retraite d'office, M. Boulanger qui n'avait travaillé qu'en dessous, se jette résolument dans la politique militante et prend l'attitude d'un prétendent. Les suffrages qu'il a recueillis dans l'Aisne (45.000 voix) et dans la Dordogne (65,000) ne suffisent pas à son âpre ambition ; il veut frapper les esprits par un coup plus éclatant.

C'est alors qu'il pose sa candidature dans le Nord, qui en 1885 envoyait à la Chambre une députation entièrement réactionnaire.

Jusqu'à ce jour les électeurs avaient voté sur un nom sans programme. L'ex-général en fit un pour être élu dans le département où il se présentait sous le patronage du député réactionnaire de Martimprey.

Enfin on allait savoir quelles réformes, quels progrès le candidat Boulanger désirait réaliser, ce fut encore une désillusion : le général ne demandait ni progrès ni réformes ; son idéal politique tenait en deux mots : Dissolution et Révision

Ces deux mots résument tous les désirs de M. Boulanger. Dissoudre une Chambre hostile à ses projets criminels pour en constituer une autre qui favoriserait toutes ses tentatives.

Réviser la Constitution dans un sens dictatorial afin de pouvoir lui-même devenir dictateur.

La Chambre dissoute — ce qui serait une odieuse atteinte à la souveraineté du suffrage universel — M. Boulanger réviserait, en effet, facilement la Constitution avec tous les réactionnaires dévoués à sa personne qui poseraient leurs candidatures en se recommandant de son amitié.

Les ennemis de la République ont si bien compris que M. Boulanger était l'homme qui devait faire rétrograder la France, que les groupes de droite de la Chambre ont résolu de poursuivre par tous les moyens parlementaires et extra-parlementaires : la Dissolution et la Révision.

La Dissolution de la Chambre sans dire comment.

La Révision constitutionnelle sans dire laquelle.

Exactement comme M. Boulanger.

M. Boulanger prévoyait que dans l'élection du Nord il réunirait sur son nom les électeurs dévoués à la Monarchie et à l'Empire avec un certain nombre de républicains égarés.

Quatre journaux radicaux, la presse bonapartiste et une partie de la presse monarchiste faisaient pour lui la campagne. Le succès ne pouvait être douteux ; puisque le général était le protégé de Cassagnac, du Comte de Paris, de Thiébaud, de M. de Maupas, aussi bien que celui de Rochefort et de Laguerre.

Le général obtint 175,000 voix, que lui donnèrent 150,000 ennemis de la République et 25,000 radicaux aveugles.

A sa rentrée à la Chambre, M. Boulanger traverse la place de la Concorde dans un landau couvert de fleurs, pour se faire voir au peuple : comme tous les prétendants il sait que la mise en scène est une force dont il faut user quand on n'en a pas d'autre.

Lorsque le général sort de la Chambre après

y avoir gardé le plus profond silence pour ne point trahir ses secrets, il est acclamé par le baron Dufour qui devine en lui champion du Bonapartisme, tandis que tous les républicains sincères gardaient en sa présence une digne attitude de muette réprobation.

Depuis ce jour, M. Boulanger n'a pas réparu au palais Bourbon bien qu'on y ait discuté la loi sur le Maïs qui intéresse particulièrement le département qu'il représente, ses pantomimes n'y sont pas en faveur, c'est ailleurs qu'il cherche le succès.

Il s'exhibe au milieu des foules, quand il parle *il évite de mécontenter la réaction, car il compte sur elle comme elle compte sur lui.* Si M. Boulanger ne va pas à la Chambre c'est « qu'il travaille fortement la presse et l'opinion. »

Election de l'Isère

Aujourd'hui M. Boulanger est député, le mouvement plébiscitaire continue à se manifester, avec l'approbation du général et de son Comité. L'audacieux que nous combattons continue à rechercher les manifestations dangereuses qui peuvent se produire sur son nom La pièce suivante nous en donne une preuve :

Election législative du 19 mai
Scrutin de ballottage

GÉNÉRAL BOULANGER

Candidat démocratique de la protestation nationale.

La France ne doit pas rester plus longtemps sous la tutelle dégradante de gouvernants incapables et de spéculateurs malhonnêtes.

Le général Boulanger veut la dissolution qui débarrassera le pays de ces parlementaires impuissants qui ont abaissé la patrie devant l'Europe, ruiné nos finances, déshonoré nos administrations, semé partout la discorde entre les citoyens, par une politique *tracassière, hypocrite,* sans courage et sans franchise.

Le général Boulanger veut la révision de la Constitution pour rendre le peuple français maître de ses destinées et donner au gouvernement républicain la stabilité nécessaire pour garantir la paix et contracter des alliances.

Assez de bavardages, assez de promesses extravagantes et trompeuses, assez de comédies, assez de tripoteurs, plus de vendeurs de croix d'honneur.

La dissolution et la révision sont nécessaires pour faire revivre le commerce, l'industrie, le travail et pour protéger l'agriculture.

Votons donc pour le général Boulanger, candidat démocratique de la protestation nationale.

Département du Nord : 175,000 voix.

Département de la Dordogne : 60,000 voix.

Département de l'Aisne : 45,000 voix.

Vu : Le général BOULANGER.

C'est le plébiscite qui continue à se produire pour aboutir à la dictature comme celui de 1851.

Que certains amis de Boulanger se défendent de vouloir faire du général un dictateur, c'est leur droit; mais nous savons que le plébiscite a de tous temps conduit les hommes au pouvoir personnel, que nous devons considérer comme le plus dangereux des pouvoirs.

Il nous a paru intéressant d'interroger quelques grands penseurs, sur ce pouvoir, dont la manifestation actuelle s'appelle le Boulangisme. — Voici ce qu'ils nous ont répondu :

« Certes le pouvoir personnel pourrait rendre de grands services. Si, par exemple, on plaçait à la tête de l'Etat un homme de génie, un grand législateur, un orateur éloquent, un homme d'état habile et profond, *un soldat invincible*, un politique qui sut se préserver des gens d'intrigue, et des fanatiques. Oh! alors le pouvoir personnel serait utile... Eh bien non! Alors même qu'on trouverait cette merveille incomparable, ce phénomène qui n'a jamais existé, *ce soldat qui ne peut pas connaître la défaite*, cet orateur toujours persuasif et bien inspiré, cet homme d'état qui n'obéit qu'aux inspirations de la sagesse, même dans ce cas le pouvoir personnel ne vaudrait rien; il expose celui qui l'exerce à une telle infatuation, il exalte si complètement

la vanité et l'égoïsme qu'il déprave les cons-
ciences les plus robustes et dégrade les intelli-
gences les plus hautes.

« La démocratie avec ses libres et mouvantes
allures, vaut mieux décidément que le pouvoir
personnel, même exercé par un homme de
génie... et les hommes de génie sont rares.

ARISTOTE. »

« Celui qui pourrait nous *contraindre* au bien
pourrait aussi nous contraindre au mal. Un premier despote, juste, ferme et éclairé est un
fléau, un second despote, juste, ferme et éclairé
est un fléau plus grand encore, un troisième qui
ressemblerait aux deux premiers en faisant ou-
blier aux peuples leur privilège ; consommerait
leur esclavage.

DIDEROT. »

... Despote pour despote, en mon âme et
conscience, j'aimerais mieux encore ces bons
vieux rois qui représentaient, aux yeux du pays,
des siècles d'honneur, de grandeur et de patriotisme, que ces *farceurs*, qui se moquent autant
du peuple que du pays, et flattent l'un pour
accaparer l'autre.

P.-J. PROUDHON. »

« *Un pays qui a besoin d'un homme pour se
sauver n'existe pas comme nation.* C'est le
commun effort des citoyens, c'est le patriotique
dévouement de tous qui tire un peuple d'em-
barra.

ULYSSE GRANT
Ancien président des Etats-Unis.

« Ne jugez point les hommes sur ce qu'ils ont
dit, mais d'après ce qu'ils ont fait.

CHATEAUBRIAND

M. Boulanger ne cache pas qu'il veut arriver au pouvoir..., il le dit lui-même :

« *Bien des fois on m'a imputé, on me reproche encore d'aspirer à la Présidence de la République.* » « *Je suis profondément convaincu que la Constitution permet à tout citoyen d'aspirer à la première magistrature du pays.* »

Qu'en ferait-il, s'il l'obtenait?

« *En présence de Dieu et devant le peuple français, je jure de rester fidèle à la République démocratique et de défendre la Constitution.*

M. Boulanger trahirait bien mieux encore cette déclaration qui n'est qu'une simple promesse :

« *Je n'aspire qu'à une chose : contribuer à la consolidation de la République que je ne séparerai jamais de la patrie!!* »

TROISIÈME PARTIE

Conclusion

La France a déjà été opprimée par deux Césars. Le premier en 1799 ravit le pouvoir. Pour satisfaire sa monstrueuse ambition, il fait tuer dans une longue suite de guerres folles plus de deux millions de citoyens français.

Ses entreprises aboutissent à l'invasion, à la ruine financière, au déchirement de la patrie, à toutes les hontes en élevant de 600 millions à 1 milliard 150 millions le chiffre des dépenses budgétaires.

En 1851, son neveu s'empare du Pouvoir, en violant les lois et son serment.

Pendant son règne, la dette publique s'accroît d'environ 10 milliards.

Les guerres de Crimée, d'Italie, de Chine, de Cochinchine, du Mexique et 1870-71, coûtent à la France 500,000 hommes.

A elle seule la guerre de 1870 que Bonaparte a voulue sans l'assentissement de la France, quoiqu'en dise M. Boulanger, a nécessité une dépense de 5 milliards.

Une somme égale a dûe être payée, à titre d'indemnité, à l'Allemagne qui réclamait en même temps nos deux provinces d'Alsace et de Lorraine, dont nous nous sommes vus forcés de nous séparer.

Par le Traité de Francfort qui mit fin à cette guerre notre commerce et notre industrie ont été ruinés. Il fallut reconstituer nos forces militaires ce qui nécessite une dépense annuelle de 600 millions, soit, en 17 ans, plus de 10 milliar s.

Voici quel est le bilan des deux Bonaparte, arrivés au pouvoir après avoir violé les lois et leurs serments!

Nous avons vu que l'attitude prise par Bonaparte avant leur arrivée au pouvoir était identique à celle que prend M. Boulanger aujourd'hui.

Comment, les mêmes arbres ne porteraient ils pas les mêmes fruits?

La dictature, la guerre, l'invasion, la ruine et le démembrement de la patrie, qui sait? seraient le résultat qu'amènerait la réussite de l'entreprise poursuivie par M. Boulanger.

Il faut donc que tous ceux qui sont jaloux de conserver leurs libertés, si chèrement acquises, et qui sentent battre leur cœur pour la République et la Patrie réprouvent hautement les actes de cet homme qui fait cause commune avec les Monarchistes et les Bonapartistes; il faut qu'ils emploient toutes leurs forces et leur courage pour combattre énergiquement et résolûment toutes ses tentatives criminelles!

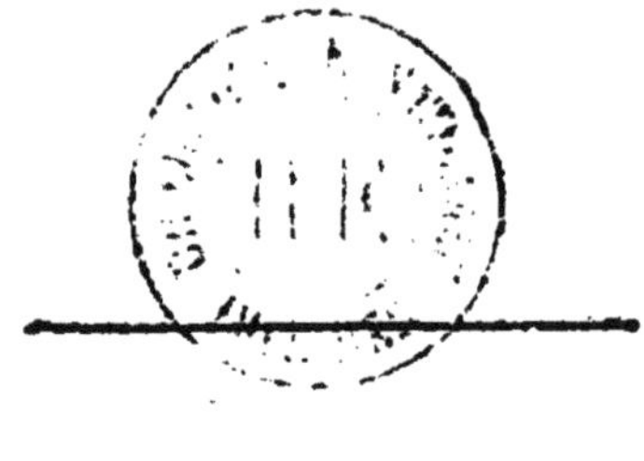

AVIS

La Ligue anti-plébiscitaire a pour organe un comité exécutif qui se tient à la disposition des groupes républicains anti-plébiscitaires des départements pour les aider dans l'œuvre commune: la défense de la République contre les menées du parti boulangiste.

Elle propage ses idées par la distribution de brochure et l'organisations de conférences.

La Ligue anti-plébiscitaire se compose de membres fondateurs, membres actifs et de souscripteurs adhérents.

Les cotisations sont ainsi fixées :

Membres fondateurs : 10 fr. (par an). — *Membres actifs* : 5 fr. (par an). — *Membres adhérents* : cotisation facultative.

Pour les renseignements et les adhésions s'adresser au Secrétaire général de la :

Ligue républicaine anti-plébiscitaire, 32, rue Meslay.

Paris. — Imp. A. Reiff, 3, rue du Four.